AF248455

Couvertures supérieure et inférieure
manquantes

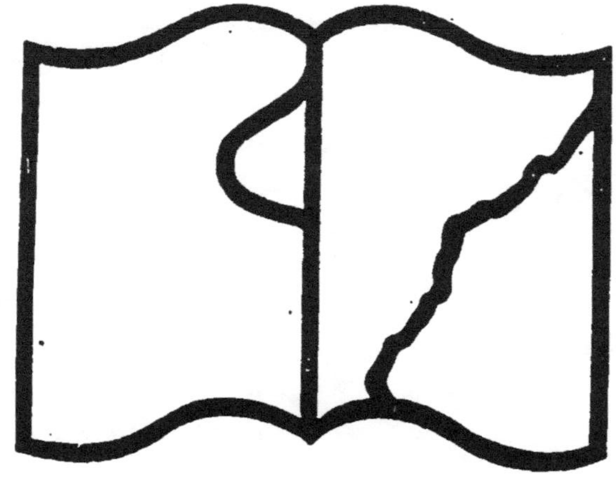

Texte détérioré — reliure défectueuse
NF Z 43-120-11

VALABLE POUR TOUT OU PARTIE DU

L'ESPRIT

DE LA

RUE NEUVE-St-PAUL.

RÉVÉLATION

PAR

VERT-VERT.

⁕⁕⁕

POITIERS

IMPRIMERIE DE N. BERNARD, RUE DE LA MAIRIE.

—

1864

DÉPOT LÉGAL
Vienne
N° 53
1864

BIBLIOTHÈQUE QUERLUS

K 7
11045.

La Fontaine assure qu'une grenouille
éprouva un cruel châtiment pour avoir essayé, en s'enflant outre mesure, de devenir
aussi grosse qu'un bœuf :

La chétive pécore en *creva*.

Le mot est dur, mais il est du bon fabu-
liste, il en conserve toute la responsabilité.

N'y a-t-il pas dans cet apologue un profond sujet de méditation pour quiconque
serait tenté de se faire historien sans talent,
chroniqueur sans esprit. Dieu, qu'il est diffi-
cile de savoir se maintenir dans sa sphère...

Je me livrais à ces réflexions pratiques,
tout en me demandant de quel titre pourrait
bien s'affubler un personnage écrivant une
légende sous la dictée d'un autre, et racon-
tant des faits très-insignifiants, rendus impor-
tants uniquement par un faible merveilleux
et beaucoup de bavardages... Devrait-il se

croire historien comme Thiers ou chroniqueur comme les de Pène et les Albéric Second, autant vaudrait prétendre de suite que l'oie si lourde de nos basses-cours peut lutter avec les aigles pour l'élégance et la rapidité du vol. En France, le ridicule tue, évitons-le s'il se peut.

Un souvenir presque classique me rappela les aventures d'un perroquet fameux, pieux et châtié dans son langage avec les nones, jureur avec les matelots, écho fidèle, en un mot, de toutes les paroles qui frappaient son oreille. Je trouvai un grand point de ressemblance entre l'illustre volatile et le personnage qui m'intéressait. Mon cher, lui dis-je donc, vous avouez qu'il n'y a aucune invention dans votre ouvrage, en style très-prosaïque, collectionnant tous les *on dit*, vous vous êtes fait le chantre d'une très-mince épopée; il existait une énigme, vous n'en avez même pas été le sphinx explicateur. Il vous a fallu recevoir la clef du mystère d'un être invisible et inconnu. C'est peu flatteur, ayant accepté le rôle de *Vert-Vert*, à votre place je signerais avec son nom.

Je suivrais volontiers votre conseil, ré

pondit-il ; mais ne suis-je pas obligé alors de redire sans les combattre toutes les interprétations qui ont circulé sur les causes des bruits de la rue Saint-Paul ? Il en est une surtout que je serais peu flatté de rapporter, et qui tendrait à mettre ces affreuses détonations sur le compte de pauvres capucins vivant bien tranquilles à cent lieues de là. Cette supposition a cependant été imprimée, et franchement je lui trouve à peine le mérite de la nouveauté. Ah ! si son plaisant auteur, profitant des faveurs marquées dont l'accablaient les mystérieux mystificateurs (sans doute en sa qualité d'ancien garde national [1]), qui semblaient attendre son arrivée pour commencer leur infernal vacarme, se fût précipité dans la maison enchantée, si, plus heureux que Monsieur le commissaire

[1] L'auteur de la *Chronique poitevine* s'exprime ainsi : « Je m'arrêtai tout à coup comme saisi de vertige. Un bruit singulier venait de frapper mon oreille, bruit semblable à celui d'un coup de canon tiré dans le lointain. J'ai fait autrefois partie de la *garde nationale*, c'est vous dire assez que je ne manque pas d'un certain courage. Comme Desaix à Marengo, je marchai au canon ! » la canne ou le parapluie à la main ? Le tableau ne manque pas d'une certaine majesté. (*Note de l'auteur.*)

central, il en fût sorti traînant à la remorque l'odieux capucin occupé à *frapper* à la caisse sur les immeubles poitevins, j'aurais partagé ses appréciations sur les disciples de Mathieu de Baschi. J'aurais été plus loin, je suis peu fanatique de ce genre de preuve concluant du particulier au général, rendant un ordre entier responsable de l'infamie d'un de ses membres : l'ignominie d'un déserteur a-t-elle jamais terni la gloire de notre armée? Eh bien! dans cette circonstance, transigeant avec mes principes, voyant un capucin surpris dans l'accomplissement d'une mauvaise action pouvant profiter à la congrégation tout entière, j'aurais compris tous ses frères dans mon mépris.

L'auteur de la *Chronique poitevine* sait parfaitement que rien de tout cela n'a eu lieu ; pas plus que les autres, il ne s'est heurté avec un capucin dans les abords ou les maisons de la rue Saint-Paul. Quel était donc son but en cherchant à insinuer que *ces bons pères* étaient bien capables de se transformer en *esprits frappeurs* pour obtenir, à prix plus modérés, *les bâtiments nécessaires* pour l'établissement d'un couvent?

Mélomane distingué, voulait-il substituer l'air gracieux de

Père capucin,
Confessez ma femme,

à celui non moins entraînant du *Pied qui remue;* on serait autorisé à le croire. Je pencherais néanmoins pour une autre interprétation. Envers et contre ses propres paroles, « je n'ai encore vu se servir de capucins qu'en guise de baromètre; ils ôtent leur bonnet quand il doit pleuvoir. » Saluons! Ne nous prouve-t-il pas que le capucin peut *encore servir* à exercer la fine ironie d'une plume délicate.

Père capucin,
Remerciez-le bien.

Ceci connu, et puisque tout en m'en défendant j'ai reproduit la seule version de la rue Saint-Paul qui ne m'ait paru ni naturelle ni surnaturelle, je suis plus en droit de dire au public : Je ne suis qu'un écho, vous le savez, ne me critiquez donc pas trop, vous vous critiqueriez vous-même, en foi de quoi je signe

VERT-VERT.

L'ESPRIT

DE LA

RUE NEUVE-SAINT-PAUL.

CHAPITRE Iᵉʳ

Destiné à fournir plusieurs renseignements obscurs au futur historien de la Ville et Cité de Poitiers.

> Sa voix qui sonnait comme un cuivre,
> Et qui rendait le son du cor,
> Me dit au bois il faut me suivre,
> Je te promets cent louis d'or.....
>
> P. DUPONT, *Chansons populaires.*

Poitiers est une cité privilégiée. Elle attire les étrangers par ses monuments antiques ; son nom se rattache aux plus grands événements de notre histoire ; aujourd'hui elle captive l'attention du monde par les faits merveilleux qui se passent dans son sein. Décidément une visite à cette ville unique, dans son genre, introuvable en tout autre pays, devient le complément obligatoire d'une éducation distinguée. Contrairement à la nature, les souris parfois y accouchent de montagnes, l'imprévu s'y produit enveloppé d'un charme romanesque, mystérieux ; pour en avoir une idée, lisez plutôt ce qui suit.

C'était un des premiers jours de janvier, la rue Neuve-Saint-Paul jouissait encore de ce calme et de cette tranquillité, qui la caractérisaient jadis. Une des cinq à six maisons, dont elle se compose en son entier, fut soudain mise en émoi par le carillon d'une sonnette violemment agitée. Une alerte fille de service courut ouvrir au visiteur, qui s'avançait si bruyamment ; mais, poussant aussitôt un cri d'effroi, referma avec précipitation la porte à peine entrebaillée.

Quel être fantastique avait ainsi pu lui causer une telle frayeur ? Qu'avait-elle aperçu dans ce rapide coup d'œil lancé à l'extérieur ?... Un homme d'une taille gigantesque, assure-t-on, deux prunelles d'où jaillissaient des flammes, et les solides planches en chêne rejetées sur l'inconnu avec cette force, que donne la terreur, n'avait pas permis un examen plus approfondi de sa personne.

Était-ce donc Satan ou quelqu'un des siens ? Qui pourrait se vanter de répondre sciemment à cette importante question ? Le colosse n'avait eu ni le temps de se nommer, ni de murmurer le dernier vers du refrain fameux cité en tête de ce chapitre. Du reste, l'eût-il chanté à pleine voix, la preuve ne serait guère concluante, car, à une certaine époque, une foule de bons vivants, voire même de pauvres diables, n'ayant aucune affinité avec l'esprit malin, l'ont assez répété de toute la vigueur de leurs poumons. Était-ce quelque honnête filou, mécontent des étrennes mesquines dont l'avait gratifié le nouvel an, et comptant sur sa mine patriarcale pour prélever un tribut plus satisfaisant dans une demeure habitée par des femmes seules ?

Chi lo sa, ne manqueraient pas de s'écrier les Italiens. — Déclarons-nous heureux de cette explication facile, elle ouvre carrière aux suppositions et donne toute latitude aux imaginations de s'exercer.

Bientôt cependant, la curiosité aidant, la soubrette fut désireuse de comtempler de nouveau le personnage qui l'avait si fort épouvantée. Adoptant une ligne de conduite pleine de prudence, elle fit l'ascension du premier étage, de façon à dominer l'ennemi sans danger.

L'homme n'avait point disparu, autant qu'on pouvait en juger à la pâle lueur des reverbères, il avait une large ceinture rouge enroulée autour du corps, ce qui contrastait d'une façon choquante avec le reste de ses vêtements entièrement noirs. Il semblait en proie à une vive agitation ; le moindre bruit provenant des rues voisines l'inquiétait ; une dernière fois il se rapprocha de cette maison, où il n'avait pu pénétrer, puis s'éclipsa comme une ombre pour ne plus se montrer.

Semblable aventure ne mériterait pas la peine

d'être mentionnée, et trouverait sa juste place dans les oubliettes de l'histoire sans les faits bien plus étranges qui vinrent lui donner de l'importance. Le lendemain, dans la même demeure, un soufflet las de remplir les plus modestes fonctions sous la pression d'autrui, se permit, de son propre chef, une excursion inusitée autour de la cuisine.

Ceci indiquait un premier bouléversement, inoffensif toutefois, dans l'ordre naturel.

La surprise fut plus désagréable pour la respectable propriétaire de cette maison enchantée, en entendant certain soir des coups violents ébranler tout son édifice.

Étiez-vous à l'intérieur, vous pouviez craindre de voir porte et volets enfoncés par le bélier antique. Dans la rue au contraire le vacarme le plus infernal semblait avoir lieu dans les appartements.

C'était à répéter sur tous les tons avec Julien d'Avenel :

Je n'y puis rien comprendre !...

Mais cet aveu effarouchait la modestie de trop de gens ; on le fit tout bas, on se garda bien de le proclamer hautement. Chacun apporta son explicacation ; chacun inventa son commentaire.

En attendant, les coups redoublaient ; le spécifique pour en obtenir la cessation restait seul ignoré ; les voisins étaient importunés par ce tapage inaccoutumé ; les rumeurs les plus contradictoires circulèrent dans la cité.

Les imaginations portées au merveilleux étaient heureuses de se créer de sombres tableaux où les revenants et les esprits frappeurs jouaient un puissant rôle. Les vieillards racontaient qu'il y a cinquante ans semblable fait s'était passé dans la rue Saint-Denis, où six mille personnes se pressaient en foule pour écouter de mystérieuses détonations. Les uns parlaient des morts, les autres des vivants, ceux-là des spirites, ceux-ci de faux-momoyeurs. Un instant la rue Saint-Paul devint une véritable tour de Babel pour la confusion des idées, car on ne se contentait pas d'argumenter le jour sur ces faits, le soir on s'étouffait pour entendre, le plus souvent même pour se retirer comme on était venu. On ne s'abordait plus qu'en se demandant : « Etiez-vous hier aux esprits ?

Généralement on répondait : — Assurément.

— Eh bien ?...

— Eh bien ! je n'ai rien entendu ; je suis arrivé vingt minutes trop tard : la veille, au contraire, lassé d'attendre, j'étais parti une demi-heure trop tôt ; de plus en plus je suis poursuivi par une fatalité inexprimable ; mais un de mes amis a été plus fortuné, il a distinctement entendu frapper douze coups des plus sonores. »

Ceci ne vous rappelle-t-il pas l'histoire de ce soldat dissertant sur la saveur de la truffe, grâce aux renseignements qu'il avait puisés chez son ami le brosseur d'un capitaine qui mangeait souvent de ce délicieux tubercule.

Quoi qu'il en soit, toute conversation sur les bruits de la rue Saint-Paul était douée d'un si invincible attrait que huit ou dix de nos concitoyens les plus sérieux, qui ne se parlaient ni se saluaient depuis nombre d'années , s'arrêtèrent d'un commun accord sur la place d'Armes pour se serrer la main avec une cordialité touchante et s'entretenir gravement du mystère en question.

Sancho n'eût eu garde de s'écrier

A quelque chose malheur est bon !…

mais laissons dormir l'illustre écuyer et ses proverbes, et continuons le récit de ce merveilleux événement.

Lorsqu'on sut que la police de notre ville , qui en toute circonstance fait preuve d'une habileté incontestable, s'occupait de cette affaire , les gens qui ne croyaient pas au surnaturel applaudirent, prétendant que le fameux nœud gordien allait enfin être tranché. Mais quelle ne fut pas leur stupéfaction, lorsqu'une nouvelle plus surprenante que les précédentes se répandit dans le public. L'autorité elle-même n'avait pas été respectée ; un brigadier de police, homme d'une prestance imposante , d'une supériorité intellectuelle et d'une force physique peu communes, avait été presque renversé par une commotion violente , capable d'enfanter, chez tout autre moins brave, cette émotion terrible qui s'empare du soldat français le plus valeureux au premier coup de feu de son premier combat.

Le spiritisme avait triomphé, décidément il n'y eut plus que quelques sceptiques qui sourirent au nom d'*esprits frappeurs;* la presse s'en émut, toute la France s'intéressa aux détonations de la maison de Mlle d'O**. Dès lors on vit fondre sur notre bonne ville de Poitiers un de ces fléaux dont les générations gardent le souvenir. Moïse, affligeant les Égyptiens obstinés de plaies de plus en plus sévères, n'inventa rien de semblable, et je le considère comme bien plus formidable que toutes les invasions de sauterelles et de grenouilles dont fut épouvanté Pharaon. Comment appeler cette calamité dont ne put nous préserver l'arc-en-ciel aux brillantes couleurs? Ce fut pourtant un déluge, déluge d'un nouveau genre, il est vrai, capable d'enrichir à jamais l'administration des postes en faisant plier les facteurs sous le poids des missives. Grâce à Dieu, il nous en arriva de tous les pays, de toutes les villes et de tous les villages.

Un correspondant à peu près inconnu vous écrivait en vous prodiguant les noms les plus tendres. Il s'inquiétait follement de votre santé, il vous croyait atteint des maladies les plus dangereuses. Entre la suette ou la petite-vérole, son cœur balançait. Devait-il vous revoir à l'état de squelette ou de monstre? Il l'ignorait encore? Mais il vous suppliait de mettre un terme à ses tourments en l'assurant, dans une prompte réponse, que vous étiez toujours aussi bien portant et aussi séduisant que par le passé, et surtout en saisissant l'occasion pour lui donner de grands détails sur les fameux bruits qui se produisaient dans la maison de Mlle d'O**.

Pour satisfaire ce mortel désolé, vous ouvriez la campagne ; quêteur de nouvelles, vous frappiez de porte en porte sans pudeur, et, lorsque rentré dans votre domicile avec un bon commencement de grippe, seul résultat positif de votre pérégrination, vous vous prépariez à lui choisir entre trente-six narrations contradictoires celle qui attribuait le beau rôle aux revenants, vous trouviez sur votre bureau une autre épître vous questionnant également sur les bruits mystérieux et vous précisant même l'explication que vous deviez en donner.

Ceci est plus fort ! — Ceci cependant est exact. En wagon, à table d'hôte, aux eaux, vous aviez eu la maladresse de ne pas repousser les avances d'un être importun et bavard ; durant quinze pénibles jours, vous aviez écouté avec détresse ses ennuyeuses théories sur la crise cotonnière ou sur l'épidémie des vers à soie ; il savait que vous habitiez Poitiers, la ville des prodiges, et vous eussiez échappé à ses questions ?

Avouons-le, c'eût été trop de bonheur ? Il ne fallait donc pas se contenter de lui envoyer des renseignements qui lui permissent de paraître mieux informé que tous ses concitoyens sur les détonations de la rue Saint-Paul ; vous deviez de plus lui en signaler les *causes naturelles*, et le mettre à même de gagner ainsi un colossal pari de cinquante bouteilles de champagne engagé contre un spirite de ses intimes, auquel il soutenait que les *esprits frappeurs* n'avaient jamais été que des *vivants farceurs.*

On devient fou à moins. Un célibataire, amateur fanatique du repos et de la tranquillité, prit un parti extrême, courut chez son lithographe et commanda 500 lettres de décès (personnel), qu'il expédia à tous ses amis. Cette missive le dispensa de toute autre.

Aurions-nous, du reste, bonne grâce à nous plaindre, tout pénétrés encore de la déception bien autrement désastreuse qu'éprouva un brave étudiant, certaine matinée, où, par hasard, sommeillant loin du cours, il goûtait un repos bien nécessaire à la suite des fatigues d'une nuit entière consacrée au culte de Terpsichore. Le songe le plus séduisant et le plus inespéré berçait ses pensées, car, pour la seconde fois dans ce mois fortuné, il voyait une aimable fée lui payer sa pension. Au même instant, il est éveillé par la voix perçante de sa propriétaire...

Monsieur, une lettre.

Une lettre..., mais c'est la réalisation du rêve... cette enveloppe fragile contient les fonds désirés... Il en est tellement persuadé, l'heureux garçon... que, bondissant hors de sa couche dans le plus léger costume, il se livre à l'exécution d'un pas hasardé... tout en répétant... « Des billets de banque... quelle surprise... allons le livret du facteur, vite que je signe. » Il ne s'aperçoit même pas qu'il a mis en fuite son excellente hôtesse, qui, fermant les yeux

par précaution dès le début de cette scène étrange,
s'est prudemment éclipsée en s'écriant :

« Grand Dieu, mon pauvre locataire est devenu
fou... se permettre une danse si offensante devant
une femme renommée dans tout le quartier par dix
lustres d'une irréprochable vertu... c'est impardon-
nable, affichons de suite : *Chambre garnie à louer.* »

. Tandis que sa propriétaire émettait ces réflexions
sévères, l'étudiant complètement éveillé commençait
à comprendre que la missive en question n'avait
aucun rapport avec les bons de la Banque de France.
Reconnaissant l'écriture paternelle, il mit cependant
un louable empressement à briser le cachet de l'enveloppe fatale et put méditer à son aise les lignes
suivantes :

« C'est une vive consolation pour toute la famille,
mon cher enfant, d'apprendre que l'étude sérieuse
du droit n'altère pas ta santé. Il ne faudrait pourtant
pas abuser de tes forces et te fatiguer outre mesure.
Tu te plains que l'huile soit hors de prix, et comme
tu veilles fort tard, toujours plongé sur Troplong ou
Ortolan, je comprends que tu en uses considérable-
ment. Prends bien garde de ne pas t'épuiser la vue ;
cependant, comme on ne saurait trop encourager chez
un jeune homme la noble ardeur du travail, nous
avons résolu ta mère et moi de te faire parvenir une
cruche d'huile à brûler du poids de cinquante kilos.
Cela te sera plus agréable sans doute qu'un envoi
d'argent, et t'évitera la peine d'aller toi-même faire
ta provision oléagineuse chez l'épicier.

» A propos, j'ai lu dans mon journal le récit de faits incroyables qui ont lieu dans la rue Neuve-Saint-Paul. Ne manque pas de nous écrire promptement pour nous donner les détails les plus circonstanciés sur cette aventure.

» *P. S.* Ci-joint un bon d'un stère de bois, deux timbres-poste. Ta mère, tes quatre frères et tes trois sœurs te pressent tendrement sur leur cœur. »

Positivement, on perd parfois à se faire une trop bonne réputation, murmura le digne disciple de Cujas, fort effrayé de l'énorme quantité de liquide inflammable dont le menaçait sa famille. Je casserais agréablement les reins à l'inventeur de ce vers solitaire :

Un père est un banquier donné par la nature!

De par l'amitié et l'autorité paternelle éloignées, mille juges d'instruction, tous intelligents, furent ainsi nommés et contraints de dresser une enquête sur les causes du vacarme mystérieux. Quelle lumière jaillit de leurs savantes recherches... Qu'on me permette toutefois une courte réflexion, peu profonde. Les hommes mirent au moins autant d'empressement que les femmes à désirer connaître le mot de l'énigme. Pourquoi donc accuser la plus gracieuse moitié du genre humain d'un attrait plus irrésistible pour le péché mignon de curiosité? N'est-il pas plus véridique de penser qu'Ève fut très-charitable en goûtant avant son époux au fruit défendu, voulant ainsi éviter à Adam la honte de succomber le premier à la tentation ?

Peut-être les femmes craignirent-elles , il est vrai, quelque manque de galanterie de la part d'un démon familier, qui semblait peu rempli d'égards pour la faiblesse de leur sexe? Quoi qu'il en soit, chaque étranger se croyant autorisé à faire subir à tout Poitevin savant ou ignorant un véritable interrogatoire, on ne s'étonnera pas de voir un troupier modèle de constance profiter de l'occasion pour écrire à sa *payse*. On me pardonnera de transcrire en son entier cet échantillon assez curieux de la frénésie épistolaire qui s'était emparée de toutes les plumes, aussitôt que les esprits eurent frappé leurs premiers coups.

Tout en dérobant à l'œil quelques fautes d'orthographe, je me suis efforcé de ne rien faire perdre au style de son originalité :

« Chère Jeannette, mandait le héros, la présente te trouvera , j'espère , en aussi bonne santé qu'elle me quitte. Me voici incontinent revenu frais et *rigolo* du Mexique.

» Bientôt la fin de mon congé approche, et c'est alors que j'te rapporterai au village un cœur fidèle depuis la dernière permission. C'est pas sans peine , car, sans me faire tort, j'ai donné dans l'œil à plus d'une Mexicaine, étant bien de mon physique. Y en a une qui mieux que çà voulait m'empoigner avec un *lazzo* (ce que nous prononçons lacet) , espèce de nœud coulant.

» A propos (toujours !) on dit que des manières de revenants bombardent une maison à Poitiers, j'présume qui n'tapent pas si dur que nous devant Puebla. C'est égal, comme tu es en condition par là, dis m'en un mot, affaire de curiosité!

» signé MATHURIN,
soldat de première classe à la 3ᵉ compagnie du 2ᵉ bataillon du 1ᵉʳ. »

Les chimistes, les hommes de l'art, les autorités n'osaient se prononcer dans une explication positive sur les détonations de la rue Saint-Paul. Jeannette la *payse* est moins embarrassée, lisez plutôt ce qu'elle raconte à son fidèle fiancé, et acceptez son interprétation si vous la jugez bonne.

« Mon cher Mathurin, on a désormais la certitude que les coups de canon qui se tiraient à la brune dans la maison près la Grand-Rue sont occasionnées par l'âme d'une cuisinière furieuse contre sa maîtresse. Aussi faut voir depuis cette époque comme nos dames nous soignent, elles ont toutes peur que nous nous laissions mourir pour leur jouer des tours. Nous avons voulu faire élever un buste à notre collègue, mais le sculpteur n'a pu se rappeler ni sa figure ni son esprit.

» Tu as bien fait de m'être constant, car tu en aurais reçu à ton retour si tu avais laissé ton cœur à une négresse. Adieu! il neige, et je t'attends tous les jours avec patience.

» JEANNETTE. »

Que de gens pourraient vous prendre pour modèles, futurs époux si exemplaires !

Et cependant :

> Ce n'est pas à la cour du roi Henri,
> Messieurs, que se passait ceci....

L'interprétation de Jeannette eut son succès ; mais, ainsi que les plus belles choses, elle vécut ce que vivent les roses, et ne pût satisfaire toutes les intelligences. Les commentaires continuèrent à se produire avec leurs variantes; les incrédules et Messieurs de la police s'obstinèrent à rechercher des causes physiques.

Un soir que la foule se pressait plus nombreuse que jamais dans la rue Saint-Paul, désireuse d'entendre les esprits se livrer à leurs bruyants ébats.... les malins habitants de l'autre monde prirent plaisir à persécuter un des curieux de cette respectable société. Au lieu de rester dans une maison très-surveillée par la gendarmerie, et d'épouvanter tout le quartier de leurs coups violents, ils préférèrent danser un sabbat effréné dans la molaire tant soit peu avariée du malheureux qu'ils avaient résolu de mettre à la torture. Cette véridique histoire n'a rien qui doive surprendre, car un esprit n'étant nullement embarrassé par la matière peut au besoin loger dans le chas d'une aiguille. Quiconque a enduré, même sans être amoureux, les souffrances horribles d'une rage de *dents* compatira au violent état d'exaspération nerveuse dans lequel se trouva plongée l'infortunée victime des insaisissables mystificateurs. On comprendra donc ce cri échappé au patient dans le suprème de la douleur :

« Je n'y tiens plus, je vais chez le dentiste ! »

Cette phrase , hélas ! fut saisie avec transport par les oreilles avides de voisins impatients , fatigués d'un point de ressemblance éternel avec *Ma sœur Anne.* De groupes en groupes on répéta ces mots incompris : *Chez le dentiste ,* et comme chacun ne songeait alors qu'aux *esprits frappeurs.....* on ajouta bientôt : « Les esprits sont chez le dentiste ! » On prévoit que chacun y courut. Aussi, qui fut désagréablement surpris , ce fut assurément l'honorable chirurgien, en voyant sa demeure assiegée par mille curieux exigeants lui réclamant à outrance des *esprits frappeurs* en place d'élixir. Pour la première fois , il maudit la célébrité et souhaita les plus énormes fluxions aux importuns visiteurs qui l'étourdissaient de leurs clameurs.

Que voulait-on qu'il fît de plus?... Qu'il mourût !... Non, le parti était trop extrême... Qu'il frappât !... C'eût été plus naturel, et cette ligne de conduite était tracée d'elle-même par les demandes des solliciteurs. Le fit-il? je l'ignore... Je sais seulement qu'au bout de deux jours on retournait à la rue Saint-Paul , mais les esprits avaient fui , paraît-il, vers de plus doux rivages. Pendant un mois , la maison enchantée retrouva son calme et sa placidité.

CHAPITRE II.

Lorsqu'un esprit a pris la ferme résolution d'être désagréable aux vivants, il y met une obstination inconnue même aux plus ennuyeux mortels. Chacun se fit nécessairement cette réflexion en apprenant que le 13 février l'habitation de Mlle d'O** avait été ébranlée de nouveau par de véritables détonations d'artillerie. Chose étrange, les lutins tapageurs, tout en conservant le plus strict incognito, semblaient pleins d'égards pour l'ouïe de Monsieur le Commissaire central. Ils attendaient avec la plus exquise politesse le départ de cet honorable magistrat pour frapper les grands coups ; mais en revanche, à peine ce départ avait-il lieu qu'ils s'empressaient de le célébrer à puissant renfort de tam-tam.

Cette réapparition des *bruits mystérieux* autorisa une seconde édition de commentaires mille fois plus extravagants. Des expériences pyrotechniques furent tentées sans résultat; la physique et la chimie

y perdirent leurs formules ; les spirites se divisè-
rent ; l'énigme subsistait toujours narguant chacun
d'un air malin.

Devrait-on cependant rencontrer une question in-
soluble, alors que chaque jour certains médiums
communiquent si facilement avec les habitants les plus
illustres de l'autre monde?... Telle était du moins la
réflexion profonde à laquelle se livrait le philosophe
modeste, narrateur conscienceux de ce récit invrai-
semblable.

Les plus grands dévouements civiques ont parfois
été inappréciés ; c'est donc sans espérance de voir
mes intentions dignement comprises, que je demandai
au monde surnaturel l'explication désirée par tant
d'honnêtes pères de famille d'un mystère impéné-
trable jusqu'alors. Libre à ceux qui méconnaissent
toutes les inspirations magnanimes de critiquer les
miennes et de taxer ma démarche d'avide curiosité...
ils s'éviteront ainsi la fatigue de m'élever sur un pié-
destal. Je les en remercie d'avance, peu ambitieux
de la position occupée pendant nombre d'années par
saint Siméon Stylite.

Chacun est plus ou moins médium ici-bas, il
suffit d'être convaincu de l'importance de sa mission.
Un spirite très-fervent avait essayé jadis de faire de
moi un adepte, laissant à ma disposition personnelle
toute facilité de converser avec les défunts les plus
renommés. « Sur toutes choses, m'avait-il recom-
mandé, oubliez vos affections mondaines, élevez
votre pensée au-dessus de la matière, de cette terre,

s'il est possible, alors vous invoquerez l'esprit et lui abandonnant votre main, ne vous étonnez pas, si, contre votre habitude, votre plume couvre des pages entières de sublimes révélations.

Tous mes préparatifs pour l'entretien solennel étant terminés, ne sachant quel esprit faire intervenir en particulier, je me bornai à invoquer en général celui qui pouvait être le plus au courant de l'affaire qui me préoccupait. Pour me conformer plus scrupuleusement à mon rôle et me soustraire à ce globe matériel, je permis à mon imagination de vagabonder au-dessus des nuages sombres dans ces belles contrées du sublime et de l'inconnu. Pour plus de sécurité, je m'étais confié à la nacelle du *Géant*, j'accomplissais le voyage le plus enchanteur en compagnie de Nadar, l'intrépide aéronaute. J'étais bercé par les plus douces sensations, captivé par les émotions les plus poignantes.... Soudain une de ces idées maudites qui vous arrachent aux rêves les plus aimés traverse mon cerveau... et l'esprit... me dis je.... que m'a-t-il fait écrire ?.... Désillusion cruelle.... ma main était restée stationnaire.

J'étais un pitoyable médium !...

La persévérance est une de mes vertus.... la seule peut-être.... sans quoi je me garderais de la signaler. Sans perdre tout espoir... je me remis donc courageusement à l'œuvre... de nouveau j'invoquai l'esprit... mais d'une façon plus pressante, plus irrésistible. Ma pensée tenta une nouvelle ascension loin de notre planète; bientôt je m'endormis complètement. Je ne préciserai pas combien dura ce sommeil, pendant lequel je demeurai sous l'impression du songe le plus.... on jugera si je dois l'appeler le plus radieux. J'avais de nouveau pris place dans la nacelle du *Géant* ; la marche du ballon était d'une rapidité effrayante et le vent agitait notre fragile demeure avec une violence inqualifiable. Vexé d'avoir adressé une première invocation infructueuse à l'esprit, et entraîné par le noble désir d'accomplir à *la lettre* les prescriptions du *spirite,* mon sage professeur, je m'élançai subitement au milieu de la course la plus vertigineuse loin de cette nacelle, indigne assemblage de poutres et de fer, pour moi dernière personnification de la matière. Hélas ! nouvel Icare, j'accomplis aussitôt une culbute fantastique. Après mille sauts périlleux, oppressé, mourant, j'allais enfin me briser contre le sol lorsque..... je m'éveillai effectivement à terre, car j'avais glissé de ma chaise dans l'agitation du cauchemar, et, sans côtes ni membres cassés, je me relevai à la hâte, impatient d'échapper au ridicule d'une position que décemment on ne saurait décrire.

Mon premier regard fut pour la feuille où j'espérais lire les communications de l'esprit.... Ma plume gisait en pièces à quelques pas ; l'encre n'avait point noirci le blanc vélin. Mes dispositions intellectuelles ou physiques tendaient de plus en plus à faire de mon individu un *détestable* médium.

En semblable occurence, Cambronne furieux eût prononcé un mot sublime. Prévoyant que le mot ne changerait pas la situation, je me contentai de réunir en silence mes notes et mon bagage d'écrivain, tout prêt à les lancer avec colère dans la flamme du foyer.

Mon bras fut arraché soudain à cette occupation; et tout mon corps tressaillit comme à la suite d'une secousse électrique, lorsque cet ordre distinctement articulé bourdonna à mes oreilles stupéfaites : *Écris.*

La voix qui s'était fait entendre n'avait rien de rauque ni de sauvage, le timbre en était sonore, l'injonction hautaine.

Au premier abord je me crus l'objet d'une mystification. N'avais-je point confié, sans y prendre garde, à quelque ami, mes projets d'expériences sur le spiritisme, et ne venait-il pas tourner en risée mes splendides essais? Je commençai donc un véritable voyage autour de ma chambre; tout fut soumis à une investigation sévère; armoires et cabinet de toilette, rien ne fut oublié. Mes recherches me convainquirent que j'étais bien le seul personnage humain en mesure de parler dans les huit pieds carrés que j'avais bouleversés.

Je courus à ma glace, mes yeux étaient plus ouverts que jamais; décidément j'étais très-éveillé..... et cependant j'entendais toujours résonner cet ordre bizarre : *Écris.* Qui donc avait articulé ce mot, puisque je ne pouvais accuser de loquacité les objets inanimés qui m'entouraient? Je n'osais croire à un entretien direct avec un des habitants de l'autre monde... L'idée d'un semblable tête-à-tête me souriait peu sans cesser de me poursuivre. J'avais pré-

sentes à la mémoire toutes les aventures analogues
arrivées à plusieurs spirites.

Quelques jours avant, ne m'avait-on pas raconté
qu'un médium fameux ayant voulu pénétrer dans
un obscur caveau, avait dû rétrograder devant cette
injonction positive : *Retire-toi,* émanée on ne sait
d'où, juste assez tôt pour l'empêcher d'être enseveli
sous l'éboulement d'un bloc énorme de rochers ?

Et cet autre médium, veuf inconsolable, consul-
tant chaque matin celle qui avait été son épouse sur
le choix des provisions que sa cuisinière aurait à
rapporter du marché ! Prodige inconcevable, l'âme
de cette tendre moitié le guidait dans les nécessités
matérielles de la vie comme par le passé. Un jour
elle poussa l'abnégation jusqu'à lui désigner une
nouvelle compagne. Pleurez, mes yeux, pleurez !!!

Il était avéré pour moi que les esprits conversaient
parfois avec leurs amis. Je n'eus pas le temps du
reste de me livrer à de plus amples méditations.

Un *écris* retentit à mon oreille plus impératif que
jamais.

Je suis prêt, murmurai-je timidement. — Ma
main tremblait un peu.

La voix dicta... « C'était à la fin de cette période
d'années que l'on est convenu d'appeler moyen
âge... » A ce nom, je ne pus dissimuler un tressail-
lement imperceptible. Le moyen âge, pour beaucoup
de beaux esprits de notre époque, n'est-il pas syno-
nyme de barbarie, d'ignorantisme, d'intolérance et
de tyrannie ? Il m'était pénible de transcrire les dé-

tails de quelque affreux drame dû aux rigueurs inqui
sitoriales ou aux vengeances de la féodalité, et se
terminant inévitablement au milieu des flammes
d'un bûcher ou au fond de sombres oubliettes.

Ces réflexions n'échappèrent point à l'être surnaturel qui avait juré de m'employer comme sténographe. Répondant à mes pensées, il reprit sur un
ton qui frisait l'impatience.

C'est une triste réalité à confesser; mais bientô
il deviendra impossible de rencontrer un cervea
humain ayant conservé la case du bon sens... (ce
début flatteur promettait). Voici que je prononce le
mot de moyen âge, et de suite tu deviens trem-
blant, tu supposes qu'on ne doit puiser qu'aventures effrayantes, drames épouvantables dans les
souvenirs de ce temps. Eh bien! je défendrai, s'i
le faut, une époque où j'ai vécu.

Je connaissais un peu plus mon interlocuteur
j'avais affaire à un esprit gothique, je me hasarda
à objecter:

— Votre plaidoyer sera-t-il long?

— Non, rassure-toi, digne fils du siècle du progrès, ton temps est précieux, je serai bref. Hare
contre tout ce qui ne marche pas à la vapeur!...

Le siècle du progrès!... quel titre pompeux. Philo
sophes, orateurs, poètes, historiens de l'antiquité
inclinez-vous; vos jours de gloire sont passés; qu'êtes
vous désormais auprès des philosophes, des orateurs
des poètes et des historiens du siècle du progrès
sculpteurs et peintres des autres époques, cesse

d'être immortels, le siècle du progrès l'emporte en tout et sur tous. La religion ne vient-elle pas d'être revue et corrigée par M. Renan, progrès ; la galan- terie, que croyaient pratiquer les chevaliers en sou- tenant avec vaillance les couleurs de leurs dames, n'est-elle pas l'objet d'un culte mille fois digne ? Ne voit-on pas chaque jour les fortunes les plus belles s'en- gouffrer aux pieds de Phrynés élégantes, écrasant la vertu modeste de leur luxe insolent, progrès..... Je comprends alors qu'il soit de bon goût à une cer- taine école d'écrivains de nous *bafouer*, de nous *ridi- culiser*, pauvres contemporains d'un âge barbare.

Et cependant les constructeurs des édifices mo- dernes sont bien aises de s'inspirer de l'architecture de nos temples et de nos châteaux ;

> Mais vous nous faites, seigneur,
> En nous copiant beaucoup d'honneur.

Ne raillons plus. La vapeur et l'électricité, deve- nues les humbles servantes de l'homme, accomplis- sent entre ses mains de merveilleux prodiges ; à des distances énormes, un boulet qui s'échappe d'un canon rayé porte la perturbation et la mort dans les bataillons de l'ennemi ; plus que jamais les sciences, les lettres, les arts sont compris et goûtés par les masses ; n'y en a-t-il pas assez pour la gloire d'une époque ? et le siècle qui voit ces grandes choses n'a- t-il pas le droit d'imprimer sur son front : — Je suis le siècle du progrès.

Assurément ; mais, j'ose le dire, c'est au moyen

âge que vous devez la réalisation de ce progrès ; l'histoire se charge de prouver la justesse de cette assertion. Vers ce temps, un homme obscur, doué d'une éloquence entraînante, sortit de sa retraite et dit aux peuples : « Le tombeau de votre Dieu est profané par les Infidèles, allez l'arracher à leurs mains. » A cette voix, riches et pauvres se levèrent, obéissant à cette foi religieuse aujourd'hui traitée de fanatisme. Les croisades étaient enfantées, folie chevaleresque a-t-on dit, folie sublime qui arrêta les hordes musulmanes prêtes à inonder le monde. La bannière du Christ n'avait pas été renversée par le croissant : depuis lors, tandis que les disciples du Prophète restaient stationnaires, on vit à l'ombre de cette bannière s'épanouir toutes les admirables conceptions, les magnifiques découvertes qui sont l'étonnement et l'orgueil des nations. Rendez donc justice à vos pères, et ne souriez plus d'un air de pitié au souvenir de leurs exploits.

Laissez quelques moralistes voluptueux envier les charmes de la vie orientale et les joies du harem. Il serait plaisant de voir trancher la question par un tribunal féminin ; Mahomet agirait sagement en se tenant à l'écart. Que deviendraient en effet vos sémillantes Françaises si amoureuses de courses, de spectacles et de bals, si leurs distractions les plus attrayantes se bornaient aux douceurs d'une existence consacrée à se peindre les sourcils et les ongles, se peigner les cheveux, se parfumer le corps, s'endormir dans le bain ou fumer sur des coussins.

Je termine. Avant tout, soyez impartiaux. Chaque âge a vomi ses monstres, a commis ses fautes ; juger historiquement une époque sur ses monstres et sur ses fautes, en omettant de rendre hommage aux faits illustres qu'elle a produits, n'est-ce pas se rendre ·coupable d'une insigne mauvaise foi ? Évitez de commettre cette injustice, sinon, vous aussi, auteurs, inventeurs des plus étonnantes merveilles, craignez de trouver en vos petits-neveux les détracteurs de votre gloire.

L'esprit cessa de parler. « Horace connaissait bien le cœur humain, *laudator temporis acti*, murmurai-je tout bas. » En somme, l'apologie d'un âge souvent faussement apprécié n'était pas sans justesse... je ne me souciais guère d'argumenter contre des vérités... j'attendis patiemment que l'ex-chevalier voulut me communiquer sa légende.

CHAPITRE III.

La Légende.

Voici ce que j'écrivis sous la dictée de l'esprit :

« Il régnait grande et bruyante agitation dans les rues de la bonne ville de Poitiers, le matin du 12 août 1436. Ce jour-là, l'étranger n'eût guère reconnu le calme si vanté de cette antique cité. Le sonneur du beffroi agitait le bourdon avec une violence inusitée, et une foule de charmantes dames et damoiselles, habituées à reculer l'heure du réveil le plus tard possible, étaient tout étonnées d'avoir devancé l'aurore dans leurs apprêts de toilette.

C'est qu'en ce jour, destiné à marquer dans les fastes illustres de la capitale du Poitou, devait faire son entrée dans la ville messire Jean Claveurier, *homme de grands lettres et louables vertus et bien-amé du roi.* Or, si les habitants de Poitiers étaient heureux de recevoir au milieu d'eux messire Jean Claveurier, nommé tout récemment lieutenant-général de leur pays, ils étaient encore plus fiers des belles récompenses que ce haut fonctionnaire leur apportait de la part de Charles VII. Une des premières pensées du jeune monarque, aussitôt la soumission de Paris, avait été en effet pour ses fidèles sujets Poitevins, et voulant leur prouver sa reconnaissance pour leur noble conduite dans la guerre contre les Anglais, il résolut de leur accorder *certains grands et beaux priviléges, outre ceux qui leur avaient esté donnés par ses prédécesseurs.* Messire Jean Claveurier arrivait donc porteur de *lettres patentes en forme de Chartre* qui consacraient ces priviléges. Le plus important était assurément celui qui unissait le *Comté de Poitou, ville et cité de Poitiers, à la couronne de France,* sans qu'il fût permis dans la suite à aucun roi de les en distraire.

Ceux qui désireraient connaître les autres faveurs concédées par la gratitude et la munificence royale pourront consulter les *Annales d'Aquitaine,* où le consciencieux Jean Bouchet leur racontera en style très-naïf tous les faits remarquables de cette époque.

Ils comprendront alors l'enthousiasme qui animait tous les cœurs Poitevins, ils comprendront que tous voulussent contribuer à la splendeur d'une fête à la fois nationale et locale ; car les priviléges royaux s'adressaient à tous, et chacun pouvait s'écrier : « Justice m'a été rendue, j'avais combattu pour la France! »

Au mois d'août, il est pénible de s'aventurer au milieu du jour; aussi messire Jean Claveurier avait-il fait partir dès la veille un courrier de Châtellerault pour annoncer qu'il arriverait le lendemain avant les chaleurs accablantes de l'après-midi. On voit que le bon sénéchal ne craignait pas de chevaucher longuement; l'état des routes en effet ne permettait guère encore d'autre manière de voyager. Mais si l'art de la carrosserie était plus qu'à l'état d'enfance, si le confortable du wagon ou les charmes de la chaise de poste étaient inconnus en 1436 , on savait gaillardement supporter les fatigues du cheval, et l'on ne s'effrayait pas d'une course équestre de dix lieues.

Désireux de rendre à jamais mémorable la réception, dont ils comptaient honorer un seigneur porteur des glorieuses faveurs de leur roi, les habitants de Poitiers déployèrent une magnificence sans égale. Quel admirable spectacle présentait la brillante procession qui s'avançait vers la porte de Paris, traversant les rues jonchées de verdure et de fleurs. Les remparts eux-mêmes disparaissaient sous les oriflammes où étaient peintes les armes de la ville, et on ne se lassait pas de contempler le défilé splendide que formaient les paroisses, les religieux et les églises collégiales marchant gravement bannières en tête.

Après eux venaient l'Université, une foule de gais bacheliers, le prévôt des marchands, les échevins, les autres corporations avec deux cents hommes de pied portant chacun une longue pique, enfin tous les jeunes gentilshommes à cheval vêtus de velours. On remarquait, en outre, et ce n'était pas celle qui attirait le moins les regards, une députation de jeunes filles choisies entre les plus belles et les plus vertueuses pour souhaiter joie et bienvenue à la noble demoiselle Yolande, l'enfant chérie de Jean Claveurier.

L'exactitude est la politesse des rois ; le brave sénéchal se permit d'être poli comme une tête couronnée, et ne laissa point ses administrés se morfondre dans l'attente. A neuf heures, les trompettes sonnaient, les hérauts répétaient : Place, place à Monseigneur le sénéchal ; le peuple y répondit en criant : Noël, Noël. On vit alors s'avancer messire Jean Claveurier, monté sur un destrier superbement harnaché; à ses côtés chevauchait sa fille sur une blanche haquenée; ils étaient entourés d'un groupe de seigneurs richement vêtus ; mais, telle était la beauté de l'illustre damoiselle, qu'elle attirait tous les regards. Ainsi tous les astres pâlissent et disparaissent quand le soleil dissipe les nuages de ses brûlants rayons.

Le recteur de l'Université avait été chargé de féliciter le sénéchal ; il s'en acquitta dignement, et fut d'une telle éloquence qu'il eût mille peines à terminer un discours couvert par les applaudissements unanimes de tous ceux qui purent l'entendre. Messire Jean Claveurier, que cette harangue et cet accueil princier avaient vivement émotionnés, loua le Poitou en termes chaleureux, et fut aussi vivement applaudi. Mais l'enthousiasme ne connut plus de bornes, lorsqu'on vit la belle Yolande descendre de sa blanche haquenée et embrasser avec une grâce simple et touchante la jeune fille qui l'avait complimentée au nom de ses compagnes.

C'était un tableau digne du dix-neuvième siècle ; il ne manquait pour le reproduire que le correspondant d'un journal illustré qui en eût fait jouir la France entière le dimanche suivant.

Le cortége reprit alors sa marche vers Notre-Dame-la-Grande où l'évêque devait chanter un *Te Deum* pour remercier *Dieu et la benoiste Vierge Marie* des grandes victoires qu'ils avaient accordées au roi de France. Le sénéchal ayant mis pied à terre, ainsi que sa suite, se dirigea vers l'église, et, s'inclinant humblement devant l'évêque qui se tenait sur le seuil de la porte principale, entouré de son chapitre, il se mit à genoux et lui demanda dévotement sa bénédiction. La vue d'un tel spectacle étonnerait peut-être plus de nos jours que celle d'une réunion de rosières, offrant un bouquet colossal à quelque princesse ; mais on venait de chasser les Anglais de France, et ces braves insulaires n'avaient pas eu le temps de reconquérir notre pays par la froide influence de leurs mœurs. Au quinzième siècle, on donnait plus libre expansion aux sentiments du cœur, on s'enveloppait moins dans sa dignité, et sire Jean Claveurier, lieutenant-général et premier juge du Poitou, ne croyait pas déroger en se laissant bénir par le ministre d'un Dieu qui avait suscité Jeanne d'Arc pour sauver le royaume.

Laissons toutefois les cérémonies ecclésiastiques s'accomplir, les chantres ébranler la voûte sonore de leurs voix retentissantes, les notables inviter le sénéchal à un banquet somptueux, et parlons du personnage le plus important de ce récit dont il n'a pas encore été question.

Il se nommait *Estienne Duval,* et c'était sans contredit le plus savant et le plus studieux des bacheliers qui suivissent les cours de sire Guillaume Letur, docteur ès-lois. Ce jour-là il s'était réuni aux autres étudiants pour aller recevoir à la porte de Paris le grand sénéchal du Poitou.

Estienne était une de ces rares natures qui savent conquérir tous les cœurs, mériter toutes les sympathies ; ses professeurs l'aimaient comme le plus assidu et le plus distingué de leurs disciples ; ses camarades l'avaient surnommé le *Séraphin.* A leurs yeux c'était un esprit céleste descendu des voûtes éthérées pour éclairer de sa lumière les coutumes et les maximes tant soit peu barbares du droit. Les anges ne trouvaient rien à redire à cette comparaison avec un des leurs ; eux qui souvent ont lieu d'être si mortifiés , en entendant les pieuses mères gratifier leurs plus affreux marmots du doux nom de *chérubin.*

Il était si beau, ce jeune bachelier, lorsqu'il se rendait à l'Université écouter les leçons de ses doctes maîtres. Plus d'une gaie jouvencelle , en le voyant passer, admirait sa tenue modeste mais irréprochable et l'élégance de sa tournure. Nullement embarrassé par sa rapière, il la portait avec aisance, sans ostentation ; sa longue chevelure retombait sur ses épaules en boucles brunes et épaisses ; on lisait l'intelligence et la fierté dans sa noire prunelle, et pourtant l'expression de son regard était douce et mélancolique ; on aimait à voir le sourire s'épanouir sur ses lèvres de vingt ans que n'ombrageait pas encore le plus léger duvet. Estienne était orphelin : depuis l'âge le plus tendre, il ne se souvenait pas d'avoir reçu les caresses d'une mère. Ce cœur qui ne respirait qu'amour, n'avait pas été réjoui par ces premiers épanchements de la famille, connus seuls de l'enfance.

Le soir il devenait triste, en songeant à ces joies si pures qu'il n'avait jamais goûtées. Il se plaisait alors à se bercer d'innocentes illusions ; il se créait de surnaturelles images, et, fort étonné de voir l'objet de ses rêves prendre toujours la forme d'une jeune fille, il se surprenait parfois composant des vers en l'honneur de son idéale beauté.

Telles jusqu'à ce jour avaient été les seules amours du *Séraphin*, amours dignes des anges ses frères. Estienne possédait du reste une de ces âmes incapables de faire une vaine parade des plus nobles sentiments, incapables de brûler de cent flammes éternelles pour cent beautés différentes, une de ces âmes qui n'aiment qu'une fois et s'envolent brisées loin de leur fragile enveloppe de chair, si leur amour est méprisé. Pauvre Estienne, pourquoi voulût-il aller recevoir messire le sénéchal avec les autres étudiants ? S'il fût demeuré plutôt dans son tranquille logis, longtemps encore il eût continué de dédier ses poésies à son *Égérie imaginaire* ; il n'eût point aperçu l'incomparable Yolande, et il eût évité les cruels tourments qui depuis cet instant ne cessèrent de déchirer son cœur... La vierge que tant de fois il avait contemplée dans ses rêves, la jeune fille qu'il avait chantée en accents si touchants, était là, devant lui, à quelques pas, parlant, souriant aux autres *damoiselles* qui la complimentaient. Estienne sentit ses genoux fléchir..... un moment il crut perdre la raison. Et cependant c'était bien *elle* qu'il avait rêvée, *elle* seule pouvait posséder cette physionomie noble et douce, ce teint d'une éblouissante blancheur, cette bouche divine laissant deviner deux rangées de perles nacrées, ces yeux bleus, surmontés de sourcils pleins de grâce, créés pour captiver et attendrir.

Dès lors Estienne ne fut plus le même; ne pouvant se lasser d'admirer la belle Yolande, il se mit à suivre la paisible haquenée que montait la jeune fille. Il enviait le sort du page qui lui tendit la main pour l'aider à poser pied à terre; il eût voulu qu'elle fût attaquée pour la défendre et mourir à ses pieds; mais chacun s'écartait avec respect sur son passage. Pendant le *Te Deum*, adossé contre un pilier, immobile, beaucoup le crurent en extase, quand, pour la première fois, son âme distraite du ciel s'égarait dans une contemplation terrestre.

Le soir, comme on le sait déjà, les notables de la bonne ville de Poitiers offrirent au sénéchal un splendide festin. Un auteur du temps a dressé la nomenclature des *pains, vins exquis, chairs, poissons, volatiles, venaisons et autres viandes, fruits divers* qui furent servis. C'était vraiment merveilleux; après le banquet il y eut bal, car ce genre de réjouissance était en usage à cette époque. Depuis lors les noms des danses, les pas ont changé ; mais on trouvait moyen déjà de se divertir, en se livrant pendant plusieurs heures à un exercice violent, accompli plus ou moins en mesure, au son des cithares, des fifres et des tambourins.

Estienne, ainsi que plusieurs autres jeunes bacheliers, avait été invité à assister à cette fête. On pense qu'il n'eût garde de refuser, certain d'y revoir Yolande, espérant même lui parler ; les amoureux sont si audacieux?... Puis il se souvenait que sa mère était de sang noble, son père de bourgeoisie si ancienne, qu'il était presque considéré comme gentilhomme. Lui-même n'était-il pas le plus beau et le plus savant des étudiants de la nouvelle Université de Poitiers ? Pourquoi la fille de Jean Claveurier lui refuserait-elle l'honneur de danser avec elle ?

Un des premiers, il était rendu dans l'immense salle du palais, magnifiquement éclairée, où le bal devait avoir lieu. Une émotion presque fébrile agitait tous ses sens ; il tremblait quand la chaleur de l'atmosphère était accablante.

Yolande, qui n'était pas encore présente, ne tarda pas à arriver conduite par son père ; elle aussi n'avait pas connu les tendres soins d'une mère. Elle s'avança avec une grâce charmante, plus éblouissante peut-être que ne l'avait jamais rêvée Estienne. Des bijoux précieux passés dans son abondante chevelure semblaient protéger avec peine son cou d'ivoire prêt à disparaître sous une gerbe blonde. Elle portait avec majesté une robe flottante qui tombait jusqu'à terre... En un mot, elle était la reine de cette fête, et personne ne songeait à lui envier une couronne si méritée.

Les danses commencèrent... cependant Estienne n'y prenait point part... son courage l'avait abandonné... ses riants projets s'étaient évanouis... son cœur avait été traversé par une pensée plus froide que la lame d'un poignard. Il s'était dit : Je ne serai jamais aimé..., et il eût préféré perdre la vie que de voir détruire ses illusions si chères...

C'est qu'au moment où il s'approchait d'Yolande, où il allait lui parler... lui faire partager son amour peut-être, il l'avait aperçue, elle son idéal, sa passion, souriant à un élégant seigneur. En même temps une voix murmurait derrière lui : Le vicomte de Sens, son fiancé.

Pauvre Estienne, qu'il eût désiré mourir avant d'avoir entendu cette phrase fatale... Il n'eut pourtant pas la force de fuir loin de ces lieux maudits; il éprouvait un plaisir étrange à voir tourbillonner devant lui ces groupes animés par la passion de la danse; il se croyait le jouet d'hallucinations bizarres, et ne sentait point les larmes baigner son pur visage; il pleurait son bonheur perdu.

Il faut avoir éprouvé un de ces chagrins terribles qui paralysent jusqu'aux facultés intellectuelles, pour comprendre l'état dans lequel se trouvait plongé l'infortuné bachelier.

Vers le milieu de la nuit, les danses s'arrêtèrent

les instruments ne firent plus résonner les galeries de leurs bruyants accords... on était forcé de consacrer quelques instants au repos. Ce silence parut tirer Estienne de sa léthargie. Il vit alors un jeune seigneur s'avancer vers le sénéchal. Rien n'était plus somptueux que son costume, rien n'était plus majestueux que son port et ses manières. Le brillant cavalier fit signe qu'il désirait parler; toute l'assemblée se tint prête à l'écouter.

« Nobles barons et chevaliers, dit-il, la fête à laquelle nous prenons part est vraiment splendide, et Dieu m'est témoin qu'on ne peut en souhaiter une plus belle. Mais convient-il à de vaillants guerriers d'être satisfaits de danser avec leurs *damoiselles* sans échanger en leur honneur quelques glorieux coups de lance. Pour moi, je fais serment de me tenir prêt à combattre en champ clos, de lance ou d'épée, quinze jours durant, à partir de l'octave de la fête de la benoiste Vierge, quiconque osera prétendre que sa dame surpasse en sagesse ou en beauté l'incomparable Yolande, fille de Monseigneur le lieutenant-général. Enfin, je consens, si je suis vaincu, à remettre entre les mains du victorieux une chaîne d'or et un magnifique reliquaire contenant un morceau du bois précieux de la croix du Sauveur. »

Un transport frénétique accueillit cette proposition. On devine qu'elle émanait du vicomte de Sens. Chacun se réjouit à l'idée d'être bientôt acteur ou spectateur d'une de ces joutes émouvantes si appréciées de ces hommes de fer. Les femmes ne furent pas formalisées de ce défi galant uniquement pour l'une d'elles ; chacune comptait sur la bravoure de son chevalier, et espérait voir ses propres couleurs vaillamment portées. Yolande, dissimulant sa joie, adressa à son fiancé un de ces remercîments tacites que les amoureux seuls savent deviner.

Estienne s'éloigna la tête en feu, formant dans son cerveau malade les projets les plus insensés. Tantôt il songeait à s'ensevelir à jamais dans un cloître, tantôt il méditait de se rendre près du vicomte de Sens, et de le provoquer pour un duel à mort. Puis il réfléchissait qu'inexpérimenté dans la science des armes, il serait tué sans doute sans que Yolande sût même qu'il mourait pour elle. S'il s'endormait, épuisé par une lassitude physique, triomphant quelques minutes des angoisses morales, ses doux rêves d'autrefois venaient bercer son sommeil, et au réveil la triste réalité était plus horrible encore. Oh ! que les pauvres cœurs brisés sont à plaindre !...

Tandis que la nouvelle du défi porté par le vicomte de Sens se répandait dans toute l'Aquitaine, l'Anjou, la Bretagne, et pays circonvoisins, les ouvriers de tous métiers préparaient le lieu du champ clos. Les uns sablaient l'arène, les autres l'entouraient de hautes palissades, les menuisiers élevaient des estrades en face des barrières d'où devaient s'élancer les combattants, et les tapissiers couvraient de riches étoffes les gradins destinés à la reine du tournoi et aux plus illustres spectateurs. Sur une plate-forme, en dehors de l'enceinte, on remarquait la tente du vicomte de Sens, ornée avec un luxe inouï. Son écu où ses armes étaient gravées, ainsi que sa devise : *Dieu et ma dame*, était suspendu au-dessus de l'entrée, auprès de laquelle se tenait constamment son écuyer, prenant les noms des gentilshommes qui venaient frapper le bouclier, indiquant ainsi qu'ils acceptaient les conditions du cartel.

Il n'est personne qui n'ait lu en quelque ouvrage la description d'un tournoi. Ce serait le cas, si je dictais un feuilleton, de retarder prodigieusement le dénouement de ce récit, en me complaisant à raconter les péripéties de ces jeux guerriers. Mais nous évitons toutes les pertes de temps, nous autres habitants d'un monde cependant éternel, et le plaisir de faire des phrases de rhétorique ne nous captive pas au point d'ennuyer le public d'un air de flûte cent fois répété.

Qu'on le sache seulement. Cette longue joute de deux semaines parut ne pas fatiguer davantage le valeureux champion provocateur de ces luttes que le public qui s'y portait en foule. Tout ce qu'il y avait de noble, de grand, d'opulent, de plus beau dans les deux sexes en Poitou, suivait les phases de cette passe d'armes avec un intérêt entraînant. Pendant quatorze jours le courage du vicomte de Sens ne faiblit pas. Jamais chevalier n'avait acquis tant de gloire et de renom dans un tournoi, et pourtant il eut souvent à supporter les attaques de redoutables champions ; il reçut de terribles coups de lance ; mais il semblait d'airain ; cloué sur son coursier, aucun ne put l'en désarçonner.

On n'avait pas aperçu Estienne à ces fêtes en compagnie des autres *bacheliers*; on ne l'avait point remarqué non plus aux cours de l'Université. Les professeurs, inquiets de cette disparition de leur plus assidu disciple, se rendirent à son modeste logis pour s'enquérir de ses nouvelles. Ils apprirent qu'il en était sorti le matin de l'Assomption pour n'y pas rentrer depuis lors.

Où donc avait fui le Séraphin ?...

Ses amis ignoraient le profond chagrin qui avait soudain abreuvé cette âme si pure ; la lyre du poète gisait brisée, et le poète n'avait gémi que dans la solitude. On crut à un crime, mais quel bras eût osé frapper cet adolescent si beau et si jeune ? On supposa qu'il accomplissait quelque pieux pèlerinage ; on attendit impatiemment son retour.

Estienne n'était point à prier dans quelque vénéré sanctuaire.

Le lendemain de cette nuit fatale où il avait vu Yolande sourire au vicomte de Sens, où il avait appris qu'ils étaient fiancés, et où il avait entendu ce fier gentilhomme offrir de se faire champion de sa dame quinze jours durant contre tout chevalier assez téméraire pour se prétendre *servant* d'une plus gracieuse beauté, l'étudiant s'était rendu chez un des neveux de sa mère, le vaillant sire de Boisguy. Estienne lui avait raconté ses peines , il lui avait révélé cette im-

mense douleur qui avait remplacé si tristement dan
son cœur le calme innocent dont il jouissait autre
fois... « Que je meure..., s'était-il écrié, mais qu'ell
sache que je l'aimais et que j'étais digne de so
amour. » Alors il déroulait à son cousin des plan
insensés, il voulait aller au tournoi combattre le vi
comte de Sens , lui enlever la chaîne d'or et le reli
quaire , et venir les déposer aux pieds d'Yolande.

Hélas! rêveur malheureux , qui prétendait, san
connaissance aucune de la science des armes, entre
en lutte avec un des plus redoutables jouteurs de l
chrétienté, il avait oublié qu'il n'était pas chevalier
or, un écuyer n'eût même pas été admis à péné
trer comme acteur dans le champ clos. Le sire d
Boisguy lui fit cette remarque pleine de justesse.

Quel raisonnement à jamais eu le pouvoir de per
suader un amoureux véritable? N'est-on pas aveugl
par un funeste bandeau, qui dérobe tous les obsta
cles ?..

Estienne insista : « Avant le dernier jour de l
passe-d'armes, n'avez-vous pas, dit-il, près de deu
semaines pour m'apprendre à conduire un coursie
à manier une lance et à me servir d'une épée
Lorsque, visière baissée, je galoperai dans l'arène
qui supposera tant d'audace à un humble bachelier
Depuis quand est-il interdit aux féaux chevaliers d
taire leurs noms s'ils désirent rester inconnus? Vo
répondrez de ma qualité... si je suis vainqueur, j'ir
me précipiter aux genoux du sénéchal et le supplier
de m'armer *chevalier;* si je suis vaincu , vous me fer

emporter loin de l'enceinte... personne ne découvrira que l'étudiant timide, qu'on a surnommé le Séraphin, ait osé jamais attaquer en champ clos le noble vicomte de Sens. »

« Beau cousin, repartit le sire de Boisguy, qu'il soit fait suivant votre désir, et que Dieu vous pardonne le premier mensonge de ma vie, que je serai contraint de faire, pour vous laisser ouvrir les barrières de la lice. » . . . .

Le quinzième et dernier jour de ce brillant tournoi, où de Sens avait soutenu avec tant d'éclat et de bonheur la sagesse et la beauté de sa dame, était donc arrivé. L'assemblée était immense ; on supposait que les plus illustres champions s'étaient réservés pour rendre la clôture plus mémorable. Jusqu'à deux heures, l'attente des spectateurs fut vaine; aucun seigneur n'osait-il plus se mesurer avec le terrible *tenant?* Les femmes murmuraient!... qu'étaient devenus les soupirants qui avaient juré de faire triompher leurs couleurs?

Soudain une trompette isolée fait retentir un air de défi. Un cavalier à la taille mince et svelte, autant qu'on peut en juger sous son armure, se dirige au petit galop vers le pavillon du vicomte et touche légèrement l'écu de ce dernier de la pointe de sa lance. A ce signe de provocation, de Sens, prêt à combattre, s'élance dans la lice par une des barrières que les hérauts se hâtent d'ouvrir. Son adversaire se présente à la barrière opposée; sa cuirasse d'acier richement damasquiné en or, son bouclier et tout l'ensemble de ses armes indiquent un seigneur de haut rang. Cependant les maréchaux du tournoi ayant voulu savoir son nom suivant l'usage,

« L'*Inconnu*, » dit-il.

Cette réponse ne satisfit pas complétement les sévères maréchaux ; ils hésitaient à laisser entrer dans l'arène un champion qui s'enveloppait d'un tel mystère. Mais le sire de Boisguy s'avançant.....

« Messires, s'écrie le brave chevalier, je me porte garant de ce seigneur. Respectez son désir de taire son véritable nom, et abaissez devant lui les barrières qui le séparent de son vaillant champion. »

Rien ne s'opposant plus à son admission, le chevalier *inconnu* fit bondir avec grâce son magnifique coursier dans l'intérieur du champ clos. En passant devant la galerie où était assise Yolande, il salua courtoisement ; mais un observateur attentif eût pu remarquer plus de tristesse que d'audace dans ce salut. Ainsi devaient s'incliner devant les empereurs romains ces gladiateurs sacrifiés aux plaisirs barbares de la foule. *Cæsar, morituri te salutant.*

S'approchant ensuite de son adversaire :

« J'espère, noble vicomte, dit-il, que vous ne vous refuserez pas à jeter de côté ces misérables hochets de tournoi, et que nous combattrons avec des lances et des épées qui seront à fer émoulu. »

De Sens l'assura qu'aucune proposition ne pouvait lui être plus agréable puisqu'elle lui permettrait, s'il était victorieux, de porter plus haut encore l'honneur de sa dame.

« Celle qui vous a choisi pour son chevalier est donc bien belle? ajouta-t-il. »

« Qui m'a choisi!... Ah ! trop belle repartit l'*Inconnu ;* car mieux vaudrait pour les cœurs, qui l'aiment sans espoir, s'être épris d'une des brillantes étoiles du firmament. »

Alors, à la demande des deux champions, on apporta les lances et les épées dont on se servait dans les batailles.

Les spectateurs de ces apprêts applaudirent ; les combattants se placèrent l'un en face de l'autre aux extrémités de la lice. Au signal donné par les trompettes, ils s'élancèrent avec la rapidité de l'éclair. Le choc fut terrible, l'amour donne des forces. Estienne, qu'on a reconnu sans doute, le supporta sans broncher ; les lances volèrent en éclats, les coursiers qui s'étaient heurtés chancelèrent. Déjà leurs cavaliers se préparaient à descendre pour s'attaquer l'épée à la main ; mais la foule, enthousiasmée par une première passe aussi remarquable, manifesta le désir de voir se renouveler cette joute émouvante. Les écuyers présentèrent d'autres lances ; les champions se remirent en place, et, à un second signal, fondirent l'un sur l'autre avec une impétuosité sans égale. Dans cette deuxième rencontre, de Sens reçut dans son bouclier la lance de son adversaire ; tout autre eût été désarçonné, tant le choc avait été violent, il ne fut qu'ébranlé ; en même temps, pointant au défaut de la cuirasse, son fer pénétra assez profondément dans la poitrine du chevalier inconnu. Ce dernier roula sans connaissance dans la poussière qu'il rougit des flots de son sang. Le sire de Boisguy, son *répondant*, courut le relever, et chargea les hérauts de le transporter hors du champ clos. Puis s'approchant d'Yolande : « Il meurt pour vous, noble damoiselle, lui dit-il. »

De Sens entendit ces paroles, et, par une courtoisie admirable, ne voulut pas user de son droit de vainqueur en soulevant la visière du casque de son rival, respectant ainsi même après sa défaite le secret d'un champion brave et loyal.

Ce fut, du reste, la dernière joute de cette longue passe-d'armes.

Étant rentré dans sa tente, de Sens reparut bientôt dans la lice sur un nouveau coursier richement harnaché, et l'ayant fait caracoler avec l'aisance et l'habileté d'un cavalier accompli, le remit aux mains de son écuyer. S'avançant alors à pied, il vint déposer aux genoux de celle qu'il avait choisie pour *reine de beauté et des amours* la chaîne d'or et le précieux reliquaire.

« Vous seule avez vaincu, lui dit-il galamment, car vous seule animiez mon courage et fortifiiez mon bras, acceptez donc le prix de la victoire. »

Yolande reçut en effet avec bonheur et fierté ce glorieux hommage ; mais, était-ce illusion des sens, le soir elle crut voir une tache de sang souiller l'or de son beau reliquaire, et elle se prit à soupirer en songeant à ce chevalier inconnu sans doute mort et *mort pour elle*, avait ajouté le sire de Boisguy.

Un mois après , les cloches de Notre–Dame–la–
Grande étaient bruyamment agitées , mais de cette
façon joyeuse qui n'indique point l'agonie d'un
mourant. Le peuple se pressait en foule sur la place;
chacun désirait contempler dans sa blanche toilette
de mariée la fille charmante de Monseigneur le sé-·
néchal , la belle Yolande , dont ce jour-là même le
très-honoré seigneur évêque devait bénir l'union avec
messire Olivier, vicomte de Sens.

Tandis que le gai carillon convoquait tout Poitiers
à cette cérémonie religieuse , un jeune homme sortait
seul d'un hôtel sévère, situé près de la basilique consacrée au grand saint Hilaire.

Ce personnage marchait péniblement , la pâleur
de la mort était répandue sur son visage admirable-
ment beau ; ce n'était guère qu'un adolescent, et il
semblait plus proche de la tombe que les vieillards.
Il se dirigea vers le palais du sénéchal ; il faisait
de vains efforts évidemment pour hâter le pas : mais
la faiblesse trahissait son ardeur. Quand il arriva ,
les jeunes époux sortaient entourés d'un nombreux
cortége ; une rougeur subite empourpra les joues du
malade... « Trop tard... » murmura-t-il.

« Oui , trop tard, mon gentilhomme, répéta gros-
sièrement un archer, qui avait commencé de bonne
heure à vider plus d'une coupe en l'honneur des
nobles fiancés, les colombes se sont envolées, et
vous ne verrez point leur brillant plumage. Vous fe-
riez mieux, du reste, d'aller prier Notre-Dame de

vous rendre la santé, sinon les cloches ne sonne-
ront de sitôt pour votre mariage. »

Sans répondre aux plaisanteries brutales de cet
ivrogne, le jeune homme suivit pourtant son conseil
et s'achemina vers l'église de la Vierge.

Loin d'essayer de se frayer un passage par l'entrée
principale, ce qui eût été un travail formidable,
même pour le citoyen le plus vigoureux, le pâle
jouvencel s'en fut frapper à une porte collatérale so-
lidement barrée au dedans. Il eut tout lieu du moins
de le croire, car on mit fort longtemps à enlever les
verrous qui retenaient la susdite porte. « Qui vient
ainsi me déranger au milieu d'une cérémonie si importante, se hâta de dire en ouvrant un petit homme
vêtu de noir, évidemment fort mécontent de la peine
qu'il s'était donnée? »

« Regardez, se contenta de répondre le malade. »

« Dieu, le Séraphin !... s'écria le petit homme après
avoir contemplé quelques instants son interlocuteur.
De quel sépulcre sortez-vous, pauvre enfant?... »

« Rassurez-vous, maître Girard... repartit Estienne, je ne suis pas encore descendu dans le royaume
des morts. Grâce à Dieu, cela ne tardera pas... seulement accordez-moi une faveur suprême, trouvez-
moi une place derrière l'autel : une dernière fois
j'aurai vu les fiancés... et vous emporterez la reconnaissance d'un mourant... »

Le brave sacristain obtempéra à cette étrange demande sans trop la comprendre. Conduit par lui,

Estienne put s'agenouiller près d'une des nombreuses colonnes qui soutiennent l'édifice. Son triste regard s'arrêta sur ces jeunes époux qui paraissaient si heureux. Combien leur joie contrastait avec sa douleur ! L'évêque leur avait adressé un touchant discours ; une douce émotion se réflétait sur leurs visages ; mais on y lisait aussi l'espérance de tout un avenir d'amour et de félicité. Le ministre de J.-C. avait une dernière mission à remplir... les paroles sacramentelles furent prononcées ; Olivier et Yolande étaient unis pour l'éternité.

Au même instant, Yolande crut entendre un cri étouffé, déchirant, plainte suprême d'une âme brisée. Le cri fut si faible que peu de personnes y prirent garde. On remarqua seulement qu'Yolande, subitement impressionnée, versait des larmes plus abondantes et plus sincères que n'ont coutume de le faire les jeunes mariées, qui, bien que fort joyeuses, se trouvent toujours dans l'obligation de paraître excessivement attendries.

Les époux s'éloignèrent, la foule s'écoula lentement, et les prêtres, ayant prié une dernière fois, abandonnèrent le sanctuaire. Un d'eux en se retirant aperçut Estienne resté seul, immobile. La posture du Séraphin était extatique, il semblait converser avec les anges ses frères.

Inquiet de son extrême pâleur, l'homme de Dieu voulut l'engager à sortir ; il ne reçut point de réponse ; il se hasarda alors à le toucher... il pressa une main déjà glacée par l'approche du trépas...

Estienne cependant parut se ranimer un instant. Apercevant le prêtre qui cherchait à le rappeler à la vie :

« C'est inutile, murmura-t-il faiblement, mon père, bénissez-moi.... je ne dois plus l'aimer.... que Dieu me pardonne... lui seul... toujours... » Le ministre du Christ entendit à peine ces mots entrecoupés, incompréhensibles ; à genoux aux pieds du mourant, il demandait à son maître divin de l'envelopper dans sa miséricorde.....

Estienne était absous... ses beaux yeux se fermèrent pour ne plus s'ouvrir. Sans plainte, sans agonie douloureuse, cette âme, trop pure pour les affections terrestres, s'envola vers la patrie où le bonheur éternel se résume en ce seul mot : *Amour.*

Dieu, prenant pitié de sa douleur, reçut au sein de ses élus *celui qui avait beaucoup souffert, parce qu'il avait beaucoup aimé.*

De splendides funérailles furent faites à l'étudiant modèle, au bachelier que pleurait toute l'Université. On s'aperçut en l'ensevelissant qu'il avait une large blessure à la poitrine, et l'on crut qu'il était mort victime de quelque lâche guet-apens. Seule Yolande ne partageait point cet avis. Elle devina l'histoire d'un noble cœur, et songea bien des fois au pauvre Estienne. Souvent aussi, ayant échappé presque miraculeusement à des dangers terribles, elle reconnut la protection de celui dont involontairement elle avait fait un martyr.

Virgile a dit :

Hand ignara mali miseris succurere disco.

L'âme d'Estienne , jouissant d'un éternel bonheur, s'enivrant à jamais de félicité et d'amour, n'oublia pas dans son immense joie les heures d'angoisse qui l'avaient abreuvée sur la terre. Elle compatissait sincèrement aux chgrins cruels dont étaient accablés les pauvres vivants en voyant s'envoler leurs plus douces illusions , méconnaître leurs plus saintes aspirations. Quand un cœur malheureux se brisait , quand une âme désolée s'élançant loin de sa fragile enveloppe n'était pas jugé assez pure par le Souverain des cieux pour se désaltérer aussitôt à la coupe des plaisirs sans fin , Estienne venait frapper dans la demeure do quelque pieux fidèle. Ces coups mystérieux voulaient dire : « Priez , là-haut un de vos frères souffre. »

On priait , et l'âme délivrée , bénissant ses libérateurs , allait chanter avec les anges un cantique d'allégresse. Souvent les bruits se firent entendre ; on connaissait alors le moyen de les faire cesser.

Aujourd'hui que l'amour ne voyage plus sans être précédé d'un courrier maudit qu'on appelle *calcul*, on ignore presque les peines de cœur, surtout on n'en meurt plus. Aussi, depuis un demi-siècle , Estienne n'avait-il pas eu l'occasion de *frapper*. Grand a donc été votre étonnement , braves Poitevins, quand vous avez entendu de nouveau ces coups inusités.

Leur cause, je vous l'ai révélée ; je termine comme
un convoi funèbre.

Un de vos compatriotes a eu le ridicule pour votre
époque d'aimer sans espoir de retour ; il n'a pu
survivre.

Priez pour lui.

Ainsi se termina la Légende ; l'esprit se tut, et son
sténographe, réduit à ses propres inspirations, alluma
un cigarre et s'en fut...

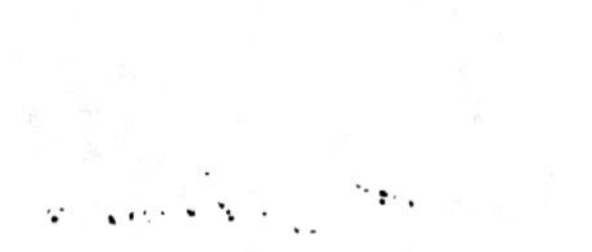

www.ingramcontent.com/pod-product-compliance
Lightning Source LLC
Chambersburg PA
CBHW061244050726

47594CB00004B/1352